LES ÉPICES

DE VENUS,

OU

PIÈCES DIVERSES

DU MÊME ACADÉMICIEN.

FRAGMENT

D'une lettre en prose et en vers, adressée
à l'autenr.

De V......., le 2 Février 1787.

. . . .

. . . .

. . . . Piron à laissé à son disciple quelque chose de plus que son manteau. On vous saura gré, comme à lui, de vos versets et de vos hymnes : ce ne seront pas, j'en conviens, les Bégueules, les Bigots qui vous applaudiront; mais que vous importe cette classe d'êtres ? La crudité des expressions n'a rien de révoltant pour un Lecteur raisonnable, quand il sent qu'elles ont échappé au Poète, comme le plomb chassé d'une carabine : si elles se succèdent, si elles abondent, on n'a pas le tems de lui en vouloir. Ce n'est plus l'homme qu'on entend, c'est la Nature : agité, tourmenté par elle, il en est l'organe; il parle et dit tout ce qu'elle lui inspire. , ...

. . . .

Défense à nos petits Poètes de se mettre sur la même ligne, quand ils diroient les plus jolies choses : cent rossignols ne valent pas un moineau-franc. Vous dont le style tient du salpêtre qui vous anime, gardez une place où je voudrois bien être.

Mon cher Priape, à vous toute la gloire,
Tout le profit. Coquin, vous me flattez,
Je vous rends grâce, et je ne puis vous croire,
A vous le pas dans les sociétés,
A vous le dez. Vous subjuguez les femmes ;
J'ai des desirs et vous des facultés.
Comme de tous, nous différons de l'ame.
J'aspire en vain à vos prospérités :
Mes vers et moi nous sommes peu fêtés ;
A vos plaisirs je dispose les dames.
Je me connois, je vous juge. Ecoutez :
Je les chatouille, et vous, vous les foutez.

Mais je dois, en bon Chrétien, faire mon bonheur du bonheur des autres, et comme ami, vous souhaiter en particulier un plaisir inextinguible.

Entrez, sortez, rentrez, restez,
Allez rompant les dures trames

Des rebelles Virginités.
Soyez l'amant de cent beautés,
Et dans leurs yeux voyez leurs ames
Vous mettre au rang des déités...
Foudres dévorans, éclatez !
Fleuves, embrasez dans votre course
Et les canaux d'où vous partez,
Et ceux dont vous cherchez la source.
Qu'à mon ami les voluptés
Tiennent toujours lieu d'or en bourse.
Je ne l'ai pas cette ressource,
Et mille écus me sont ôtés.

Otés par an ! . . . .

. . . .

. . . . Mais je suis prêt
à tout, comme disoit le pieux Enée :

Non ulla laborum
. . . . Nova mî facies inopina ve surgit :
Omnia præcepi ; atque animo mecum ante
peregi.

. . . .

. . . . etc.

X.. F.. L.. G....

REPONSE DE L'AUTEUR.

De P.... le 7 Février 1787.

QUELLE idée vous êtes-vous formée de moi, mon Ami.... c'est ma faute; je vous ai récité quelques-unes de mes vieilles folies, et vous m'avez cru toujours fou. A vous entendre Père Oignon, Père Andouillard ne feroient œuvre de moi. Il s'en faut que je mérite et même que je veuille mériter cette réputation. L'homme qui ne sauroit lire Richarson ou J. J. Rousseau, sans être attendri jusqu'aux larmes, n'a garde d'affoiblir ses jouissances en les divisant. La nature, je l'avoue, ma gratifié d'un tempérament assez bon, mais en même tems, elle m'a doué d'une ame trop délicate pour ne pas me laisser guider plutôt par le sentiment; aussi, en fait de mœurs, je ne doute point que personne m'efface.

Rien de plus ingénieux, de plus fort et de plus concluant que l'article de votre

Lettre où vous prenez la défense du genre libre dans lequel je me suis exercé à l'imitation de ces Peintres qui se délassent d'ouvrages sérieux par des Caricatures. Votre comparaison du style poétique avec le plomb chassé d'une carabine vous feroit seule proclamer Poète, et les vers qui coupent votre prose confirment ce jugement; permettez-moi de rectifier le votre à mon égard.

Je ne subjugue point les femmes,
Les vierges eucor moins, c'est le fruit défendu.
Je fuis l'intrigue et j'abhorre ses trames :
Mon cœur au pur amour de tout tems s'est rendu.
Quand Vénus daigne me sourire,
Des fleurs et de l'encens les parfnms les plus doux
Sout mis au pied de l'autel qui m'attire :
Là, forcé par mes sens... je fous,
Mais, tant je crains d'offenser ce que j'aime,
Mon cœur, en jouissant, se le cache à lui-même.

Honneur à Piron dont vous me parlez ; malgré sa fameuse Ode, il fut plus décent que beaucoup de ceux qui là lui reprochent encore. C'est lui dont la verve tient du salpêtre : moi, je dis avec son Métromane,

La sensibilité fait tout notre génie.

La nouvelle de vos mille écus retranchés par an, m'afflige; mais je vous félicite du courage avec lequel vous supportez cette perte. En effet, les doléances ne change-roient rien : il ne s'agit que de prendre le compas de la modération, de faire le cercle plus petit et de n'en point sortir. Adieu : santé ferme, joie constante et amitié, s'il se peut, égale à la mienne.

******

LE CON ET LE VIT.

DIALOGUE.

Reddere personnæ...
Convenientia cuique.
HORAT. Art. Poet.

Le C....

DOUCEMENT, doucement.

Le V....

N'ayez point peur, je ne pose point à terre, je suis tout en l'air.

Le C....

Bon. C'est que si ma maîtresse s'éveilloit, tout seroit perdu. La circonstance est favorable, elle a les cuisses écartées, la couverture est tombée dans la ruelle, je suis au bord du lit, le drap est relevé, la lampe est vis-à-vis de moi. Avancez.

Le V....

Me voilà.

Le C....

Ciel !

LE V....

Ah ! Dieux !

LE C....

C'est donc là ce qu'on appelle un V...!

LE V...

Oui, cher petit C.... d'amour.

LE C...

Je mourrois d'envie d'en voir un.

LE V...

Ce n'est rien de me voir, c'est tout de me sentir.

LE C...

Comme vous remuez ! comme vous grandissez ! Que c'est drôle !

LE V... *(s'approchant)*.

Si j'osois !...

LE C...

Ne me touchez pas.

LE V...

O Nature !

LE C...

Les grosses veines !

LE V...

Le joli poil !

LE C...

Vous en avez aussi.

LE V...

Le dessus, le dessous, les environs.... Il n'y a rien comme cela.

LE C...

Vous en dites peut-être autant au premier de mes semblables.

LE V...

Vous n'avez point de semblables, non, d'honneur.

LE C...

D'honneur ! Quoi ! vous connoissez ce monstre ! Il me fait bougremeut enrager, ainsi que je ne sais quels autres foutus mots de *sagesse*, *devoir* et *vertu*, que ma chienne de maîtresse a toujours à la bouche ; viande creuse, dont je ne puis me repaître, moi.

LE V...

Que je vous aime de cette humeur ! En

parlant votre langue et la mienne, vous me donnez une liberté qui m'enchante, car je ne suis foutre que trop gêné de bander si roide et de ne pouvoir que vous regarder... Gentil conaut! *(extase et décharge)*, c'en est fait, ce qui nous convient, le reste nous est étranger..... Tutoyons-nous, mon charmant petit abricot : loin de nous ces complimens d'usage entre Messieurs les Quarante ; notre société de deux à deux ne recherche, ne savoure que le plaisir, et se fout de la cérémonie. Hélas ! quand Hortense cessera-t-elle d'être dupe ? Je m'aperçois heureusement qu'elle étend ses soins voluptueux jusqu'à toi. Je te flaire avec transport, je deviens dur comme fer à l'odeur suave que tu exhales. Ecoute ! tu peux beaucoup sur cette ame rebelle : chaque fois que tu seras sur l'autel de la propreté, autrement le bidet, ouvre à l'éponge tes lèvres vermeilles et sensibles, ainsi qu'au soufle caressant du zéphir s'épanouit une rose ; presses-les amoureusement contre la main qui les baigne et les essuie, tu communiqueras à tout son corps tes douces agitations, tu ébranleras ses sens, tu y porteras tour-à-tour l'ivresse, l'égarement, l'incendie et le ravage. Il est essentiel de lui développer tous les miraculeux ressorts de ta céleste mécanique. Foutre! entends-tu comme je te chante! Je ne suis pas le V... d'un sot; non, j'ai un feu extraordinaire, tel qu'un vigoureux coursier, je bondis et j'écume en ta présence.

L E C...

Parle donc plus bas, ma maîtrese vient de soupirer.

L E V...

Je la ferois soupirer bien autrement, de part tous les Diables.

L E C...

Ta vue et tes paroles me brûlent, **me** sèchent.

L E V...

Attends, que je te rafraîchisse, que je t'humecte un peu,....

Ouf !... tu ne pourras jamais.......
Haye !... ah ! ah ! ah !... ouf !...
arrête.... rien qu'à l'entrée, je t'en
prie.... là.... ah !... ah !.... comme
un Ange.

E N S E M B L E.

L E C...	L E V...
Ah !. ah !. ah !. ah !	Oh !. oh !. oh ! oh !.
Ah ! ah ! délicieux !	Oh ! oh ! ah ! foutre !
Ah ! ah ! Je meurs.	Oh !.. ah !.. divin !.
Ah !.........ah !	Ah !.. ah !.. ah !

L E V... (après une longue
respiration de part et d'autre).

Eh bien ?

L E C...

C'est ravissant !

L E V...

Ce n'est pourtant qu'une ébauche de la
jouissance.

L E C...

Elle a fait impression sur ma maîtresse,
qui vraisemblablement la prendra pour un

rêve, et un rêve de cette sorte conduit quelquefois à la réalité. Que ton Maître continue ses visites, qu'il règle constamment ses goûts sur les siens, qu'il la sollicite à propos, je me charge du reste. Mais point d'infidélités.

L e V...

Que je perde mes couilles (ce sont ces boulettes que tu vois), si dorénavant je vas et viens autre part que dans cette petite niche. Hortense a, dit-on, de l'esprit, des grâces, enfin, toutes les pretintailles qui touchent un cœur; Dorante n'est pas mal pourvu de ces jolies drogues, à en juger par l'exercice qu'il me donnoit avant de le connoître : il a renoncé à toutes les femmes pour elle; s'il a le bonheur de triompher de celle-ci, tu sentiras, pour parler comme lui, quel charme le consentement de la personne qu'on aime ajoute au plaisir.

L e C...

Je n'en aurois, toute ma vie, d'autres que celui que je viens de goûter, qu'il me suffiroit.

L E V...

Je ne dis point cela.

L E C...

On s'agite, on se retourne, la pointe du jour paroit, retire-toi.

L E V...

Autant la mort. Je suis fâché à cette heure d'être venu..... Le beau petit portail !....

L E C...

Allons, va-t-en. Adieu, mon joujou.

L E V...

Adieu, ma motte.

L E C...

Adieu, mon lingot.

L E V...

Adieu, ma toison.

L E C...

Au revoir, mon grand coquin.

L E V...

Petit Jean-foutre ! je t'avalerois si j'avois une bouche...... Adieu mon rat.

LE C...

Adieu, ma queue.

LE PROVINCIAL A PARIS.

CERTAIN Provincial (j'en ris lorsque j'y pense),
 Chez des filles est introduit;
Il les crut, à l'abord, des femmes d'importance :
Meubles élégans, parure, air d'opulence,
 Bonne table et ce qui s'ensuit;
 Il obserervoit un modeste silence;
 On joue, il perd; on soupe... Vers minuit,
 Par une d'elles, ô surprise!
 Près d'une porte il est conduit :
« Voudriez-vous, monsieur, dit-elle avec franchise,
 « Passer dans la chambre où l'on fout? »
 Il répondit à la demande,
 Qui lui causoit un singulier dégoût :
Menez-moi donc avant dans la chambre où l'on bande.

LE MARI
ET LES
DEUX CONFESSEURS.

PÈRE Félix, vous êtes mon refuge;
 Ai-je péché? soyez mon juge :

Ma femme est très-grosse et craignant pour son fruit,
J'ai par-derrière essayé le déduit.
— Toujours où vous savez. — Sans doute.
Rien n'est mieux. — Eh bien, croiriez-vous
Que venant, par scrupule, à nommer cette route,
Père Joseph s'est mis dans le plus grand courroux,
Qu'il m'a chassé, bref qu'il me damne.
— L'étourdi! l'ignorant! le sot!
Suivez-moi, je m'en vais lui parler comme il faut,
Et laver la tête à cet âne...
Les voià devant lui. Pourquoi troubler monsieur,
Quand le cas... — Le cas est infâme.
— Mais point, vous êtes dans l'erreur,
Un mari peut bien voir sa femme...
— La voir par-là! peut-on y penser!
—Ecoutez-donc. Je fuis pour ne poiut vous entendre :
— Allez, morveux, allez apprendre
A foutre avant de confesser.

LES SAUCISSONS.

A son Curé, d'un saucisson
Villageoise plus que jolie
Vint faire honnêtement le don ;
Chez le pasteur étoit nombreuse compagnie :

Les hommes, la voyant, louèrent sa beauté
    Qui leur faisoit à tous envie,
Les femmes seulement son air de propreté :
    Quelqu'un vanta sa générosité ;
    Lors un plaisant dit avec ironie :
    C'est un rendu pour un prêté.

LES EXCELLENTES PARTIES.

Devant une dévote et douce et charitable
Du pinceau le plus noir on peignoit un absent ;
    Souffrant d'entendre qu'on l'accable,
Elle prend la parole : « Il est bien indécent
    « D'accréditer pareilles calomnies,
» Cet homme, j'en réponds, a d'excellentes parties...

LE CHAUFFAGE ECONOMIQUE.

Près de ma gentille Nanon,
L'hiver jamais je ne grelotte ;
Que le bois renchérisse ou non,
Moi, je m'en tiens au feu de motte.

ORIGINE DU PROVERBE

LE JEU NE VAUT PAS LA CHANDELLE.

Alin, novice en l'amoureux mystère,
Un soir, dans un grenier, allant fourre Nanon,
 Jeune et gentille chambrière,
 Afin d'y mieux voir, ce dit-on,
 S'étoit muni d'une lumière.
Trop foible étoit le gars pour si bonne ouvrière,
Car, au lieu d'avancer, il restoit en chemin,
Aussi d'un coup de cul déprisonnant l'engin.
 « Au diable soit le sot, dit-elle;
 « Le jeu ne vaut pas la chandelle. »

LE CORDELLIER QUI FAIT FEU.

CONTE.

Un Franciscain promettoit la douzaine,
On sent de quoi; Marton va le chercher
Pour sa maîtresse, à qui sa rare aubaine
Fait ouvrir l'œil; lui de se dépêcher.

C'étoit le soir, on vouloit du mystère.
Près de madame avec le seul flambeau
Que de Priape avoit reçu le père,
Le voilà donc trouvant, offrant du beau,
Et sans y voir enfilant bien la route
Qui des humains adoucit les malheurs.
A ceux de l'ordre un tel travail ne coûte.
De l'Eternel, vivent les serviteurs !
La dame, forte et brave à la riposte,
Est pourtant lasse à sa septième poste.
— Père, un moment. — Pourquoi ? — je suis à vous ;
Mais il me faut abandonner la place
Pour un besoin qui me gêne et tracasse :
Petit repos rend le plaisir plus doux.
— Je vous attends... Madame se dérobe :
Vîte de l'eau, cela me cuit, Marton.
Cinq fois encor ! Dans cette garde-robe
Je reste ; toi, va le rejoindre. — Non ;
Vous vous plaignez ; je crains même cuisson.
Nature est une, et la pauvre soubrette
Comme la dame en cet endroit, est faite.
— Tu veux ma mort. — Ce mot suffit, pardon ;
Plutôt la mienne. En effet, Marton vole.
Soudain, l'acteur, pour reprendre son rôle
Avec éclat, touche... Quel changement !
Marton n'avoit qu'un très-bon caractère.
Où ce teton, sous la main si charmant ?

Où cette cuisse et... tout ce qui peut plaire ?
L'acteur trompé touche ici le contraire,
Veut s'éclaircir avant le dénouement,
Tire briquet et pierre ; il frappe... à l'éteincelle
Marton s'en fuit, tremble, crie et chancelle :
Madame, il doit vous cuire, et non pour peu,
Je le crois bien ; ah ! le monstre, il fait feu.

TELLE DEMANDE, TELLE REPONSE.

Un fat avec l'impertinence
Que l'on connoît à cet engeance,
Aborde une actrice et lui dit :
Peut-on savoir, mademoiselle,
Qui vous fout ? — Monsieur, répond-t-elle
En le saluant, c'est un V...

LA JOLIE FEMME ET LE PEINTRE.

Pour faire mon portrait, demandoit une femme,
Que me prendrez-vous, là ! Montrez de la raison.
Le peintre, la trouvant fort à son gré : Madame !
— Dites. — C'est au plus bas ; je vous prendrai le con.

L'HONNÊTETÉ.

Deux faquins à tête légère,
L'un abbé, l'autre mousquetaire,
Rencontrèrent en leur chemin
Le fameux docteur Dumoulin.
Pardonnez si l'on vous arrête,
Monsieur, dit le petit-collet;
En bref voici notre requête:
Peut-on baiser à vit mollet!
Lors le docteur branlant la tête:
Cela se peut à la rigueur,
Lui répond-il d'un air moqueur,
Mais bien bander est plus honnête.

CALEMBOURG.

Par une fille sur sa porte
Je fus un soir raccroché de la sorte:
« Monsieur paroît bien occupé,
J'aurois pourtant à lui remettre une lettre. »
— Oui, la lettre d'après le P.

A UNE ROUSSE IMPERTINENTE,

FILLE D'UN RELIEUR.

Vous avez beaucoup de fraîcheur,
La gorge belle et la peau blanche;
Mais votre sourcil, par malheur,
Annonce un C.. doré sur tranche.

SUR LE R. P. URBAIN,

CARME D'UN GRAND MÉRITE.

Quel appétit, quelle éloquence!
Sous un froc c'est le dieu du goût:
O comme Urbain avec aisance
Mange, boit, prêche, rime et fout!

BOUTS-RIMÉS.

J'aimerois mieux tailler un roc,
Filer chaque jour ma quenouille;
Et sans soif avaler un broc,
Que de toucher bijou qui mouille,

BÉNÉDICTION PATERNELLE.

Avant d'entrer au lit de l'hyménée,
La jeune Alix, bien apprise, bien née,
Bénédiction demanda
A ses parens ne voulant passer outre.
Le père sur sa fille une croix imposa,
Et lui dit : Va te faire foutre.

PRIERE

POUR LES FEMMES EN COUCHES.

Cris ne font rien quand on accouche,
Dites plutôt cette oraison :
O mon Dieu ! fermez-moi la bouche,
Et m'ouvrez, s'il vous plait le C...

DÉFINITION DE L'AMOUR.

Nul comme il faut, ne définit l'amour;
Pour l'embellir, on le déguise, on l'outre :
Moi qui l'éprouve, et qui suis sans détour,
Je dis tout net : C'est le besoin de f...

ÉPIGRAMMES

DE MARTIAL.

I.

TRENTE culs sont à toi, mêlés d'autant de cons :
Tu n'as qu'un vit; que faire ! il dort sur ses couillons.

II.

Laide et vieille, tu veux que gratis on t'enconne :
Sotte prétention ! veux-tu recevoir ? donne.

III.

Paul ne termine rien, et Paul commence tout,
Je ne crois pas que Paul achève quand il f...

IV.

Tant d'Eunuques ! Pourquoi ? c'est qu'elle craint la
    sauce,
Elle veut qu'on la foute et non pas qu'on l'engrosse.

V.

Tu veux toujours que mon vit reste droit :
Y penses-tu ? le vit n'est pas un doigt.

ÉPIGRAMMES

D'AUTEURS INCERTAINS.

I.

DOUCE est la tendre main qui caresse un menton,
Mais le V... quoique dur, est bien plus doux au C...

II.

Du V... ah! que le doigt n'a-t-il le sens flatteur!
Ou du doigt que le V... n'a-t-il donc la vigueur!

III.

Sur le masturbateur le C... n'a point de droits;
Je fais, dit-il, un C... plus serré de mes doigts.

IV.

Sur une figure de Priape.

Me viens-tu regarder? C'est du sang qui t'en coûte.
Cette image te dit : Qu'on se branle ou qu'on foute.

IMITATION DE L'ODE D'HORACE

IN ANUM LIBIDINOSAM.

RETIRE-TOI, vieille sorcière,
Que le Diable t'accolle et te foute s'il peut!

Tu m'excites en vain, de toi rien ne m'émeut,
  Tes pis de vache ou tetons de tripière,
Si j'osois les toucher, me fondroient dans les doigts
Ton œil est une ruche où la cire s'éjourne :
Un four voilà ta bouche, un tonnerre ta voix.
   De quel côté faut-il que je te tourne,
      Pour que tu fasses moins horreur ?
      Voyant ton corps de terre cuite
D'où s'exhale sans cesse une fétide odeur,
Les Amours effrayés soudain prennent la fuite.
   Tes jambes sont deux piliers monstrueux,
   Dignes soutiens de l'odifice affreux ;
      Ton ventre un long tablier jaune
      Qui surement a plus d'une aune,
      Tes deux cuisses, deux grosses tours
Où pend un vilain cul qui toujours flotte et tremble
Et ton C... non pas C... mais connasse, ressemble
A la gueule d'un chien qui n'a bu de huit jours.

PARODIE

*De l'entrée d'*OROSMANE *dans* ZAÏRE.

~~~~~~~~~~

INNOCENTE Rosette, « avant que l'hyménée
« Joigne à jamais nos cœurs et notre destinée, »
~~~~~~~~~~

J'ai cru, sur votre con, sur mon vit, tour-à-tour,
Devoir, en droit fouteur, vous parler sans détour
Des bougres effrénés, dont la liste est très-ample,
Les exécrables mœurs ne sont point mon exemple.
Ils disent que le cul, favorable au plaisir,
Offre un champ plus étroit et plus doux à saisir :
Que du premier anus se formant une gaîne,
Les vits les plus fluets s'y trouvent à la gêne ;
Et qu'au sortir du con, un athlète éreinté
Se ranime à l'attrait de cette nouveauté ;
Mais, cristalline à part, sa suite est trop cruelle ;
On arrête, on enferme ou l'on rôtit pour elle.
De Loyola je sais qu'un tas de sectateurs,
De la fange des culs pourceaux inquisiteurs ;
Faisant à leurs excès servir l'autel de trône,
Affectent du ponant l'empire et la couronne,
Les monstres ! ils seroient, par un choix plus heureux,
Maîtres du clitoris s'ils l'avoient été d'eux.
M'enculer avant l'âge étoit leur folle envie.
Pour éloigner de moi cette secte ennemie,
Le ciel vengeur arma mon père d'un gourdin,
Mon oncle, après sa mort, leur frotta le grouin,
Et moi, leur dévouant une haine éternelle,
Je marche au con d'un pas qui jamais ne chancelle,
Que dessous leurs bonnets, vers nos culs attirés,
Leurs yeux roulent sans fin, de luxure altérés,
Que la trompette encor, à l'égal du tonnerre,

De leur renom fameux étourdisse la terre,
Je n'irai point, en proie à de sales amours,
Aux jeux du culetage immoler nos beaux jours.
J'atteste ce teton et mon vit qu'il enflamme,
De ne pas prendre un poil du con d'une autre femme,
De vous montrer l'amant, de vous cacher l'époux,
De ne verser enfin de foutre que pour vous.
Ne croyez pas, non plus, qu'à mes doigts je confie
Les plaisirs réservés à ma femme chérie;
J'abhorre du poignet l'usage injurieux
Qui détourne du con par un art odieux,
Je veux, je veux vous foutre autant que je vous aime,
Ou me fier à vous pour me branler vous-même.
Après un tel aveu, vous connoissez mon cœur,
Vous sentez qu'en vous seule il a mis son bonheur,
Vous comprenez assez qu'elle affreuse amertume
Corromproit de mon vit la salutaire écume,
Si vous n'abandonniez à ce membre parfait
Qu'un immobile con, acteur froid et distrait.
« Je vous aime, Rosette, et j'attends de votre âme
« Un amour qui réponde à ma brûlante flâme. »
Mon imdoptable vit ne fait rien qu'ardemment:
Je me croirois foutu de foutre faiblement.
De plus d'une façon je sais foutre et refoutre,
Du palais de Vénus j'ai la maîtresse poutre:
Si de la même soif votre con se sent pris,
Je vous enconnerai, « mais c'est à ce seul prix; »

Et de ce trésor vif l'enceinte savoureuse
Me foutra bien malheur s'il ne vous rend fouteuse.

CONTRE LES DÉLICATS (1).

STROPHE *d'une* ODE *projetée et abandonnée.*

LE vit à tout con doit l'offrande,
La préférence est un abus.
Hélas! malheur à qui ne bande
Que pour Hélène ou pour Vénus.
La beauté n'est qu'une foutaise,
C'est l'idole d'un bande-à-l'aise.
Un bon fouteur, à mon avis,
Jusques sur l'autel en droit prendre :
Ajax, qui viola Cassandre,
Certes bandoit mieux que Pâris.

L'ENNEMI DES DISPUTES.

SUR les divers appas de la blonde et la brune,
De disputer qne les hommes sont fous!

(1) Les délicats sont malheureux ; rien ne sauroit
les satisfaire.

LA FONTAINE.

Brune ou blonde me fait une égale fortune !
La plus aimable est celle que je fous.

ÉLOGE DU CON.

A UN CAMARADE DE COLLÉGE.

AMI, tu m'as donné les leçons du plaisir :
Je ne suis point ingrat, j'aime à m'en souvenir,
C'est par toi que du con j'acquis la connoissance :
Du con qui plus que moi révère la puissance ?
Je crains de l'affoiblir en l'osant célébrer ;
Et dans ce doux réduit je sais me concentrer :
Je n'en sors qu'avec peine : aide ma voix tremblante ;
Je goûte le bonheur, rarement je le chante.
　　Merveille de la terre, ô délicieux con !
Mon vit rompant son frein s'alonge à ce seul nom.
Tu vas être branlé... Déjà le gueux décharhe...
Il ne debande point ; revenons à la charge ;
Jolis, friands tetons, et toi cul bien tourné,
Je vous tiens, je vous presse... O ventre satiné !
Ce con, qu'il est vermeil ! il s'ouvre ; je l'aspire,
Je deca..., j'entre et je pousse, et j'expire...
Je revois la clarté. Malheureux ! qu'ai-je fait ?
Helas ! je n'ai d'un con foutu que le portrait ;

Loin du calice, hélas ! s'échappe ma rosée :
Par ce combat trompeur ma force est épuisée.
Fléchissant, raccourci, mon priape aux abois
Epanche tristement ses pleurs entre mes doigts.
Eh bien ! mon tendre ami, mon cher et savant maître
Ton disciple, dis-moi, fut-il digne de l'être ?
Poëtes, taisez-vous. Par ces charmes divers,
Le con sera toujours au-dessus de vos vers ;
Le myrthe, le laurier n'est pas ce qu'il demande :
Non, qu'un foutre éternel soit votre unique offrande ;
Ou, si vous désirez le peindre dans son beau,
De ses poils réunis faites-vous un pinceau.

SUPPLÉMENT

A L'ÉLOGE DU C...

Sur un vit comme il faut, qu'un con a de vertu !
   Peut-il bander et passer outre ?
J'ignore, Dieu merci, le mal d'avoir foutu,
   Mais je connois le bien de foutre.
   C'étoit hier, c'est aujourd'hui ;
Toujours je baiserai, je foutrai, pour mieux dire,
Je suis né par le con, je périrai par lui ;
   C'est mon aimant que le con, il m'attire ;

Ma langue (ineffable douceur !)
D'un con frais, d'un con pur est la seconde éponge :
Ainsi je le prépare, et lorsque je m'y plonge,
Les plus heureux du monde envieroient mon bonheur.

ENCORE SUR LE C...

DANS cette grotte obscure incessamment s'allume
Un feu plus violent que celui de Vulcain ;
Et c'est là qu'en secret, sur une molle enclume,
Les culs en bondissant frappent le genre humain.

L'ART DE FOUTRE.

FOUTRE est un art, on croit que ce n'est rien :
Chacun sans mêle, et peu l'entendent bien.
Sans cesse, en conversant, revient cette matière.
Parlons-en, mes amis : Dès qu'on bande est-il bon
  De se fourrer promptement dans un con,
Et par un trop grand train d'abréger la carrière ?
Je ne présume point que ce soit votre avis
Allumons par dégrés une durable flâme.

Distinguons-nous toujours du vulgaire des vits :
Quand nous touchons un corps intéressons uue âme.
   Et la routine et l'uniformité
    Déplaisent à la volupté.
Sommes-nous près du temple, arrêtons à la porte ;
D'une pieuse main, que les roses, les lys,
   Légèrement tour-à-tour soient cueillis.
Et retardons l'entrée afin qu'elle transporte.

INVITATION.

Cesse de me dire : Alte-là !
Accorde, accorde-moi, CELA !
Sans CELA, qu'est-ce que la vie ?
Faisons CELA, je t'en supplie.
A la ville, à la cour, au village, partout
CELA se fait, CELA, d'amour est le ragoût ;
Il veut de son objet la pleine jouissance.
   Qu'est-ce qu'un baiser sur la main,
Sur les yeux, sur la bouche et même sur le sein ?
C'est une goutte d'eau sur un brâsier immense.
   Contemple un moment l'univers ;
On n'y fait que CELA sur terre et dans les airs.
   Les poissons font CELA dans l'onde ;

  Les tourterelles, les moineaux,
  Et les brebis et les chevreaux,
Font et refont CELA ; tel est le train du monde.
  Prétends-tu le contrarier?
Attends-tu le VISA d'un prêtre et d'un notaire?
Hélas! c'est bientôt ne plus s'en soucier :
Qui le fait par amour voudroit toujours le faire.
CELA... CELA procure un suprême plaisir !...
  En m'embrassant tu me refuse,
Cruelle! sans le tout les baisers font souffrir...
Mais l'HONNEUR, me dis-tu.,,... Sur l'HONNEUR tu
  t'abuse
En CELA ne gît point le véritable HONNEUR,
CELA fait bien à deux et n'offense personne.
  Sois conséquente; j'ai ton CŒUR.
  Avec le CŒUR CELA se donne.

AUX PETITS-MAITRES.

AIR : *Tu croyois, en aimant Colette.*

VOLTIGEURS, plus douillets que les femmes,
Plus cardés, plus sots que moutons,
Qu'allez-vous faire auprès des dames?
La révérence... et nous foutons.

DUO

A METTRE EN MUSIQUE.

Viens, belle brunette,
Viens sur mes genoux.
Sous ta collerette
Que vois-je — Tout doux :
Tu n'y prends pas garde,
Maman nous regarde,
Arrête, Lubin.
— Ta mère ! où donc, où donc, menteuse ?
— Par la fenêtre. — Oh ! que nennin ;
Tu fais exprès la peureuse.
— Tu me fais mal. haye, ouf ! — Paix, paix, c'est
   pour ton bien
Autant que pour le mien.
Comment cette main frappe !...
La voilà prise... Elle m'échappe.
Ce que je tiens vaut mieux ;
Teton délicieux !...
Pince, mors, enfonce le coude,
Enfin tu veux me refuser
Jusqu'à cette lèvre qui boude,
Je veux moi, je veux tout baiser.

— Tu vas... casser... ma chaise.
Je n'entends rien, mauvaise.
— Tu me fais mal, haye, ouf! — Paix, paix, c'est
    pour ton bien
      Autant que pour le mien.
      Baise, ma chère âme,
        Baise à ton tour;
      Que ton cœur s'enflamme,
        Mourons d'amour.
    — Finirez-vous ce badinage?
      — Je suis tout à toi,
    Laisse, laisse-moi...
      — Lubin, soyez sage...
Eh bien!... eh bien!... je... n'en... puis plus,
      Je succombe...
      Efforts superflus!...
      Je tombe...
Tu me fais mal, haye, ouf! — Paix, paix, c'est
      pour ton bien
      Autant que pour le mien.
      A bas mouchoir et cotte :
    Desserre tes genoux, Manon;
      Va, ne fais plus la sotte;
Ton œil dit oui, quand ta bouche dit non :
      Il faut que je suçotte
        De ce teton
        Le vermeillet bouton.

Il faut que je tapotte,
  Pressotte,
  Branlotte,
  Frotte, frotte,
  Ce petit con
Dont voici le bouchon :
Et que de cette motte
  Je peignotte,
  Je roulotte,
  La toison
  Plus noir qu'un démon.
  A bas mouchoir et cotte,
Desserre tes genoux, Manon ;
  Va, ne fais plus la sotte ;
Ton œil dit oui, quand ta bouche dit non.

LE MENUET DE LA MARIÉE.

Air du *Menuet d'Exaudet.*

QUE mon vit
  Se roidit !
  Ma poulette,
Remarques-tu sa grosseur,
  Ainsi que sa longueur,
  A travers ma brayette ?

Mets ton doigt
Sur l'endroit :
Comme il bande !
Tu dois avoir un beau con ;
C'est ce que le fripon
Demande.
De cette jambe à la cuisse
Souffre que ma main se glisse...
Quel effet !
C'en est fait,
Je me pâme.
Hélas ; quand je le mettrai,
Surement je rendrai
Mon âme.
Je renais.
Que d'attraits
Je découvre !
Il n'est corps comme le tien :
Il faut de tout le mien,
Il faut que je le couvre.
Arrêtons !
Quels tetons !
Ah ! mignonne !
Quel poil noir ! Quel ventre uni !
Quel cul ! Dieu soit béni !
J'enconne.

COMME ON VOUDRA.

COUPLET.

Air du *Barbier de Séville.*

Ou la tendresse, ou le desir m'enflamme ;
Belles, je fous d'une et d'autre façon :
Avec mon vit, si je ne vois qu'un con ;
Avec mon cœur, si je rencontre une ame.

L'UN PLUS DIFFICILE A PLACER QUE L'AUTRE.

Bienheureux qui commande à ce drôle im-
modeste,
Des plus fières beautés infaillible vainqueur !
On sait ou le mettre et de reste,
On ne sait où loger son cœur.

ÉPILOGUE.

Adieu lecteurs, adieu lectrices
(Car peut-être en aurai-je aussi),

Qu'à vos desirs Amour et Vénus soient propices :
  Du seul plaisir éprouvez le souci.
Que l'affligeant remords, de vos libres caresses
N'empoisonne jamais les franches voluptés :
Foutez-vous des Catons, foutez-vous des Lucrèces,
Mais que l'ordre et l'honneur par vous soient respectés.

F I N.